ZART UND SAFTIG BEI 80°

Fleisch perfekt garen bei Niedrigtemperatur

Autorin: Margit Proebst | Fotos: Wolfgang Schardt

QUALITÄTS GU GARANTIE

DIE GU-QUALITÄTS-GARANTIE

Wir möchten Ihnen mit den Informationen und Anregungen in diesem Buch das Leben erleichtern und Sie inspirieren, Neues auszuprobieren. Bei jedem unserer Bücher achten wir auf Aktualität und stellen höchste Ansprüche an Inhalt, Optik und Ausstattung. Alle Rezepte und Informationen werden von unseren Autoren gewissenhaft erstellt und von unseren Redakteuren sorgfältig ausgewählt und mehrfach geprüft. Deshalb bieten wir Ihnen eine 100 %ige Qualitätsgarantie.

Darauf können Sie sich verlassen:
Wir legen Wert darauf, dass unsere Kochbücher zuverlässig und inspirierend zugleich sind.
Wir garantieren:

- dreifach getestete Rezepte
- sicheres Gelingen durch Schritt-für-Schritt-Anleitungen und viele nützliche Tipps
- eine authentische Rezept-Fotografie

Wir möchten für Sie immer besser werden:
Sollten wir mit diesem Buch Ihre Erwartungen nicht erfüllen, lassen Sie es uns bitte wissen! Nehmen Sie einfach Kontakt zu unserem Leserservice auf. Sie erhalten von uns kostenlos einen Ratgeber zum gleichen oder ähnlichen Thema. Die Kontaktdaten unseres Leserservice finden Sie am Ende dieses Buches.

GRÄFE UND UNZER VERLAG
Der erste Ratgeberverlag – seit 1722.

INHALT

TIPPS UND EXTRAS

24 SCHWEIN

34 LAMM & WILD

48 GEFLÜGEL

NIEDRIGTEMPERATURGAREN – DIE METHODE

Perfekt gegartes Fleisch wie im Sternerestaurant – das wünscht sich jeder Hobbykoch. Mithilfe der Niedrigtemperaturmethode ist es ein Kinderspiel!

DIE VORBEREITUNGEN

Wer es einmal ausprobiert hat, wird sicher zustimmen: Ob kleine Medaillons oder große Braten – bei 80° sanft im Ofen gegart, gelingt jedes Fleisch zu Hause so zart und saftig, wie Sie es selten gegessen haben. Das Ganze ist dazu völlig unkompliziert und gelingt garantiert, wenn Sie sich an ein paar Regeln halten.

Nehmen Sie zunächst das Fleisch rechtzeitig aus dem Kühlschrank, damit es beim Anbraten Zimmertemperatur hat. Bei kleinen Stücken wie Steaks genügen 30 Minuten, einen großen Braten nehmen Sie besser einige Stunden vorher heraus.

Ob Ihr Backofen die 80° verlässlich hält, haben Sie ja schon im Vorfeld getestet (siehe »Voraussetzungen« in der vorderen Klappe). Zum Niedrigtemperaturgaren heizen Sie nun den Backofen samt einer flachen ofenfesten Form aus Porzellan oder Keramik auf 80° vor (Ober- und Unterhitze, keine Umluft, Heißluft o. Ä.). Das Material gewährleistet eine sanfte Wärmeleitung, die flache Form sorgt dafür, dass das Gargut während der gesamten Zeit gleichmäßig von der warmen Luft umspielt wird.

PERFEKT ANBRATEN

Bevor Sie den Braten in die Form legen, müssen Sie ihn anbraten. Dazu erhitzen Sie in einer Pfanne oder einem Bräter Öl oder Butterschmalz und braten das gewürzte Fleisch darin bei mittlerer Hitze an. Braten Sie dabei auch die Enden sorgfältig an. In älteren Kochbüchern liest man dazu häufig: »Das Fleisch anbraten, bis sich die Poren schließen.« Das ist als Metapher ganz anschaulich, faktisch aber falsch, weil Fleisch keine Poren hat. Durch das Anbraten in Fett bildet sich aber eine schmackhafte Kruste, die dafür sorgt, dass beim Garen kaum Fleischsaft austritt. Halten Sie die im Rezept angegebene Anbratzeit bitte genau ein, denn dadurch bekommt der Braten nicht nur die gewünschte schützende Kruste, sondern auch die nötige Grundtemperatur. Kleinere Fleischstücke braten Sie zuerst auf dem Herd an. Bei sehr großen

Braten und ganzem Geflügel ist das kaum möglich. Da braten Sie bei hoher Hitze im Backofen vor, senken dann die Temperatur ab und garen bei 80° fertig. Sie können dafür die Fettpfanne des Backofens verwenden, bei großen Fleischstücken ist Metall als Unterlage unproblematisch. Wie Sie am besten mit sehr großen Braten und ganzem Geflügel umgehen, lesen Sie auf Seite 6.

IM BACKOFEN

Setzen Sie das Stück nach dem Anbraten umgehend, also ohne Wärmeverlust, in die Form im Backofen und garen Sie das Fleisch bei 80° fertig. Wichtig: nicht zudecken und keine Flüssigkeit angießen! Während der Braten ohne weiteres Zutun seiner Vollendung entgegengart, können Sie sich in Ruhe der Sauce widmen, die separat zubereitet wird. Das nämlich ist das einzige Manko beim Niedrigtemperaturbraten: Da der Fleischsaft fast vollständig im Fleisch bleibt, können Sie daraus auch keine Sauce ziehen. Wie Sie stattdessen vorgehen, lesen Sie auf den Seiten 8 und 9.

DIE IDEALE KERNTEMPERATUR

Zum Ende der im Rezept angegeben Garzeit (NT-Garzeit) stecken Sie das Bratenthermometer in die dickste Stelle des Bratens und kontrollieren die Kerntemperatur. Bei den Rezepten und in der Garzeitentabelle in der hinteren Umschlagkappe finden Sie Angaben, was bei dem entsprechenden Stück als perfekte Kerntemperatur gilt. Aber am Ende geht es natürlich um Ihren Geschmack und den Ihrer Gäste! Wer Fleisch eher durch als »medium« mag, gibt bei der Kerntemperatur ein paar Grad zu und verlängert die Garzeit entsprechend. Bei Klassikern wie Steaks und Roastbeef finden Sie dazu in der Tabelle in der hinteren Klappe die passenden Zeit- und Kerntemperaturangaben.

ZEITMANAGMENT

Niedrigtemperaturbraten eignen sich wunderbar für Festtagsessen mit der Familie oder Gästen. Und dabei werden Sie den Hauptgang natürlich zu einem bestimmten Zeitpunkt servieren wollen. Sie müssen also vorher anhand der Garzeitentabelle kalkulieren, wann Sie beginnen müssen. Nicht immer aber lässt sich die Garzeit auf die Minute genau vorhersagen. Ebenso gut kann es im Ablauf Ihres Menüs Verzögerungen geben. Kurzum, sollte der Braten schon servierbereit, die Vorspeise aber noch nicht verzehrt sein, so schalten Sie die Ofentemperatur einfach auf 60° zurück. Ihr Braten bleibt jetzt etwa 1 Stunde nahezu unverändert. Umgekehrt können Sie, falls die Beilage schon fertig und die Gäste erwartungsvoll sind, den Garprozess zum Ende hin ein wenig forcieren, indem Sie auf 100° hoch schalten und den Braten so bis zur gewünschten Kerntemperatur fertig garen.

RICHTIG SERVIEREN

Bei 80° gegarte Braten sind naturgemäß nicht so heiß wie herkömmlich gebratene oder geschmorte Gerichte. Aus dem Grunde sollten Beilagen und Sauce wirklich heiß sein. Wärmen Sie außerdem Teller und Servierplatten gut vor (einfach zum Ende der Garzeit 10 Minuten mit in den Backofen stellen). Da sich bei der Niedrigtemperaturmethode das Fleisch entspannt und die Säfte sich optimal darin verteilen, können Sie es sofort in Scheiben schneiden. 10-minütiges Ruhenlassen wie bei herkömmlichen Braten ist nicht erforderlich.

GROSSE BRATEN

Mit der Kombi-Methode aus Vorbraten im Ofen und anschließendem Garen bei Niedrigtemperatur gelingen große Braten in überschaubarer Zeit.

Kleinere Stücke werden am besten, wenn Sie diese wie beschrieben zuerst in der Pfanne auf dem Herd bei mittlerer Hitze anbraten, bis sich eine geschlossene, schützende Kruste gebildet hat. Ganzes Geflügel sowie Reh-, Hirsch- oder Lammkeulen lassen sich auf dem Herd schlecht rundherum anbraten. Da gehen Sie folgendermaßen vor: Heizen Sie den Backofen samt Fettpfanne auf 220° vor. Geben Sie dann ein paar Esslöffel Öl und den gewürzten Braten hinein und braten ihn bei dieser hohen Hitze vor. Geflügel legen Sie dabei zuerst mit der Brust nach unten ein und wenden es nach der Halbzeit. Keulen geben Sie mit der Knochenseite nach unten in die Fettpfanne und belassen sie so. Dann schalten Sie die Temperatur auf 80° (Ober- und Unterhitze) zurück und reduzieren die Ofenhitze bei geöffneter Backofentür auf 80°. Die geeignete Ofentemperatur beim Vorbraten und die Garzeiten finden Sie beim Rezept und in der Tabelle in der hinteren Umschlagklappe.

KNUSPRIGE HAUT

Zum Ende der angenommenen Garzeit stecken Sie wie gewohnt das Bratenthermometer in die dickste Stelle (aber nicht bis zum Knochen). Warten Sie dann ab, bis die gewünschte Kerntemperatur erreicht ist. Bei Geflügel empfiehlt es sich, die Haut vor dem Servieren noch einige Minuten unter dem Backofengrill knusprig werden zu lassen. Erhöhen Sie dazu die Ofenhitze auf 220° plus Grillfunktion und bepinseln Sie die Haut mit konzentriertem Salzwasser, Honig oder Orangenarmelade. Dann kann sich das goldbraun-knusprige Ergebnis sehen lassen! Auch andere Braten lassen sich am Ende der Garzeit prima mit einer Kruste versehen (z. B. Lammkeule, siehe S. 39 oder Hirschrückenfilet, siehe S. 43) und überbacken.
Die hohe Temperatur zu Beginn und zum Abschluss beeinträchtigt das Ergebnis in punkto Saftigkeit und Zartheit in keiner Weise. Die Garzeit hält sich aber dadurch auch bei sehr großen Braten in Grenzen.

WELCHE STÜCKE EIGNEN SICH?

Fürs Garen bei 80° eignen sich alle Stücke vom Schwein, Kalb, Rind, Lamm, Wild und Geflügel, die zum Kurzbraten oder als große Braten geeignet sind.

Bei Kalb eignet sich Fleisch von Schulter und Keule ebenso wie Lende und Filet. Bei ausgewachsenen Rindern können Braten von Schulter und Keule etwas kompakt, um nicht zu sagen zäh werden. Ein perfektes Ergebnis versprechen da Filet und alle Rückenteile von Roastbeef bis Ribeye. Auch bei Schweinefleisch sind Filet und Lende (das ausgelöste Kotelettstück, regional auch Schweinelachs genannt) die besten Stücke. Auch Braten aus Schulter und Keule gelingen prima. Denken Sie aber daran, Schwarte und Fettschicht zu entfernen und nur das schiere Fleisch zu verwenden. Für einen Krustenbraten ist die Methode ungeeignet, den braten Sie auf herkömmliche Weise bei 180°.

LAMM, WILD UND GEFLÜGEL

Für Lammfleisch ist die Niedrigtemperaturmethode wie geschaffen: Es schmeckt rosig gegart einfach umwerfend gut, das Aroma kommt dabei voll zur Entfaltung. Rückenfilet, Keule und Schulter sind da die Stücke, die sich am besten eignen. Fettarmes Wildfleisch profitiert ganz besonders: Sanft bei 80° gegart, bleibt es wunderbar saftig. Bei höheren Temperaturen trocknet es leicht aus. Sie können Schulter und Keule wie den Rücken (mit Knochen oder ausgelöst) bei 80° zubereiten. Großes Geflügel wie Ente, Gans und Pute gelingt im Ganzen gegart perfekt. Auch ausgelöste Enten- und Gänsebrüste werden schön zart und bleiben saftig. Teile mit Knochen wie Enten- oder Gänsekeulen sind dagegen gänzlich ungeeignet: Die Haut wird eher ledrig, das Fleisch am Knochen schmeckt weniger gut. Das Gleiche gilt für Kleingeflügel wie Hühnchen, Perlhuhn etc. Die sollten Sie besser auf herkömmliche Art zubereiten. Sollten Sie anderes Fleisch oder eine andere Bratengröße verwenden wollen, die nicht in diesem Buch vorkommt und daher nicht in der Tabelle verzeichnet ist, so hilft ein Blick ins Internet: Unter www.margit-proebst.de finden Sie unter der Rubrik »Niedrigtemperaturgaren« eine erweiterte Tabelle.

KALBSFOND

3 EL Pflanzenöl | 1 kg Kalbsknochen | 2 Zwiebeln | 1 Knoblauchzehe | 2 Möhren | 100 g Knollensellerie | 1 EL Tomatenmark | 250 ml Weißwein | 3 Nelken | ½ TL schwarze Pfefferkörner | 1 Lorbeerblatt

Für ca. 1 l | ca. 3 Std. 30 Min. Zubereitung | Pro 100 ml ca. 20 kcal, 0 g EW, 1 g F, 2 g KH

1 Das Öl in einem Bräter erhitzen, die Knochen darin in ca. 10 Min. dunkelbraun anbraten.

2 Zwiebeln und Knoblauch schälen. Das Gemüse putzen und alles mit dem Messer grob zerkleinern.

3 Die Knochen herausnehmen. Gemüse und Tomatenmark im Bratensatz ca. 5 Min. anbraten.

4 Wein, 2 ¼ l Wasser, Nelken, Pfeffer, Lorbeerblatt und Knochen hinzufügen. Offen bei kleiner Hitze 3 Std. kochen lassen.

5 Den Fond durch ein feines Sieb in ein Gefäß abgießen, Knochen und Gemüse abtropfen lassen und danach wegwerfen.

TIPP

Fond, den Sie nicht gleich verbrauchen, können Sie portionsweise in Gefrierbeuteln oder -dosen einfrieren (250 ml und 400 ml sind häufig benötigte Mengen). Er hält sich im Tiefkühlfach ca. 3 Monate.

FEINE SAUCE

BRATENSATZ NUTZEN
Da bei Niedrigtemperatur der Saft fast vollständig im Fleisch bleibt, müssen Sie die Sauce separat zubereiten. Dafür verwenden Sie den aus Knochen und Gemüse selbst gekochten Fond (siehe S. 8) oder einen Fond aus dem Glas. Zusätzlich sollten Sie den Bratensatz in der Pfanne nutzen, er bringt wertvolle Röstaromen mit ins Spiel. Wo immer Sie im Rezept »Die Pfanne nicht auswaschen« lesen, stellen Sie diese für das Sößchen beiseite.

WEIN ODER NICHT WEIN …
Ob Sie Wein oder andere Spirituosen verwenden, bleibt jedem selbst überlassen. Der Alkohol verflüchtigt sich nahezu vollständig beim Kochen, übrig bleibt das Aroma. Wer darauf verzichten möchte, greift auf Fond oder Fruchtsäfte zurück.

SÄMIGE SAUCEN
Unsere Großmütter haben in einer Tasse einen Esslöffel Mehl mit ein paar Esslöffeln kaltem Wasser glatt und klümpchenfrei verquirlt, zum Schluss unter die Sauce gerührt und ein wenig einköcheln lassen. Etwas einfacher geht das heute mit Saucenbinder aus dem Päckchen, den man direkt einstreuen und unterrühren kann. Beide haben einen kleinen Nachteil: Sie absorbieren einiges an Aroma. Sie sollten die angedickte Sauce noch einmal abschmecken.

SAUCEN BINDEN
Kleinere Saucenmengen (bis ca. 200 ml) lassen sich mit eiskalter, klein gewürfelter Butter binden: Die Butterstückchen mit dem Schneebesen unterziehen und die Sauce anschließend nicht mehr kochen lassen. Einfach und gelingsicher ist, auch für größere Mengen, Mehlbutter: Pro 400 ml Flüssigkeit 1 EL Mehl mit 1 EL Butter verkneten. Die Mehlbutter nach und nach in Flöckchen unter den kochenden Saucenfond rühren.

SAHNIGE SAUCEN
Zu Ihrem Braten passt eine sahnige Sauce? Dann fügen Sie Sahne oder Crème fraîche hinzu und lassen diese mit dem Saucenfond einkochen. Eine etwas kalorienärmere Alternative ist saure Sahne, die allerdings manchmal ein wenig ausflockt. Wenn Sie aber erst 1 TL Mehl unter die saure Sahne mischen und so anschließend in die Sauce einrühren, ist das Problem gebannt.

KALB & RIND

Steaks, Filet und Roastbeef sind sehr beliebte Klassiker der Feinschmeckerküche, für die die Niedrigtemperaturmethode wie gemacht ist: Saftiger und zarter werden Sie diese delikaten Fleischstücke kaum je gegessen haben.

FILETSTEAK MIT BÉARNAISE

2 EL neutrales Öl | 4 Rinder-Filetsteaks (à ca. 140 g) | Salz | Pfeffer | 120 g Butter | 1 EL rosa Pfefferbeeren | 3 Stängel Estragon | 2 sehr frische Eigelb | 1 EL Zitronensaft | 1 TL Dijon-Senf | 2 EL Joghurt | Zucker

Mit feiner Schärfe

Für 4 Personen | 30 Min. Zubereitung | 30 Min. NT-Garzeit | Kerntemperatur: 55°
Pro Portion ca. 530 kcal, 32 g EW, 44 g F, 2 g KH

1 Den Backofen samt ofenfester Form auf 80° (Ober- und Unterhitze) vorheizen. Das Öl in der Pfanne erhitzen. Die Steaks von beiden Seiten mit Salz und Pfeffer würzen und bei mittlerer Hitze von jeder Seite ca. 2 Min. anbraten. Die Steaks in die Form legen und für Steaks »medium« bis zu einer Kerntemperatur von 55° ca. 30 Min. im Backofen (Mitte) garen.

2 Inzwischen die Butter in einem Topf bei schwacher Hitze zerlassen. Den rosa Pfeffer im Mörser grob zerstoßen. Den Estragon waschen, trocken schütteln und die Blätter fein hacken.

3 Für ein heißes Wasserbad etwas Wasser in einem Topf erhitzen, eine Metallschüssel mit Eigelben, Zitronensaft und Senf darüberhängen und unter ständigem Rühren mit dem Schneebesen in ca. 3 Min. schaumig aufschlagen. Die zerlassene Butter nach und nach unterrühren. Joghurt, rosa Pfeffer und Estragon untermischen. Die Sauce mit Salz und 1 Prise Zucker abschmecken.

4 Die Steaks auf vorgewärmte Teller geben und mit der Sauce überziehen. Dazu schmecken Bandnudeln oder Pellkartöffelchen.

ZWIEBELROSTBRATEN

20 g Butter | 2 Rinder-Lendensteaks (à ca. 180 g) | Salz | Pfeffer | 2 große Zwiebeln | 150 ml Rinderfond (selbst gemacht siehe S. 8 oder aus dem Glas) | neutrales Pflanzenöl zum Braten und Frittieren

Wiener Spezialität

Für 2 Personen | 25 Min. Zubereitung | 30 Min. NT-Garzeit | Kerntemperatur: 55°
Pro Portion ca. 370 kcal, 42 g EW, 22 g F, 2 g KH

1 Die Butter in kleine Würfel schneiden und ins Tiefkühlfach geben. Den Backofen samt einer ofenfesten Form auf 80° (Ober- und Unterhitze) vorheizen. Die Fettschicht am Rand der Rinder-Lendensteaks mit einem scharfen Messer mehrfach einschneiden, damit diese sich beim Braten nicht wölben. Die Lendensteaks mit Salz und Pfeffer nach Geschmack würzen.

2 Eine Pfanne erhitzen, 2 EL Öl hineingeben und die Steaks darin von jeder Seite ca. 2 Min. anbraten. In die Form im Ofen (Mitte) legen und in ca. 30 Min. bis zur Kerntemperatur von 55 ° fertig garen. Die Pfanne nicht auswaschen.

3 Inzwischen die Zwiebeln schälen und in Ringe schneiden. In einer großen Pfanne ca. 1 cm hoch Öl erhitzen, die Zwiebeln darin unter regelmäßigem Wenden goldbraun frittieren. Herausnehmen und auf Küchenpapier abtropfen lassen.

4 Die Pfanne mit dem Bratensatz wieder erhitzen, mit Rinderfond ablöschen und bei starker Hitze in 3–4 Min. einkochen lassen. Die eiskalte Butter unter die Sauce rühren, jetzt nicht mehr kochen lassen. Die Steaks auf zwei vorgewärmte Teller geben, die Zwiebeln daraufhäufen und mit der Sauce überziehen. Dazu schmecken Bratkartoffeln.

TERIYAKI-ENTRECOTES

3 EL Teriyakisauce (für Fleisch) | 1 EL geröstetes Sesamöl | 2 Scheiben Entrecotes (à ca. 200 g) | 3 EL neutrales Pflanzenöl | 2 große Möhren | 1 Zucchino | 100 g Brokkoliröschen | 3 Frühlingszwiebeln | 1 Knoblauchzehe | 2 – 3 EL helle Sojasauce

Asiatisch

Für 2 Personen | 45 Min. Zubereitung | 2 Std. Marinieren | 40 Min. NT-Garzeit | Kerntemperatur: 60°
Pro Portion ca. 755 kcal, 46 g EW, 57 g F, 14 g KH

1 Teriyakisauce und Sesamöl in einer Schale mischen, das Fleisch darin wenden und zugedeckt ca. 2 Std. bei Zimmertemperatur marinieren.

2 Ofen samt ofenfester Form auf 80° (Ober- und Unterhitze) vorheizen. Grillpfanne erhitzen, mit etwas Öl einpinseln. Entrecotes trocken tupfen und darin von jeder Seite ca. 3 Min. braten. In der Form im Ofen (Mitte) in ca. 40 Min. fertig garen.

3 Möhren schälen, Zucchino waschen, beides in streichholzdünne Stifte schneiden. Brokkoli waschen, längs in ca. 2 mm dünne Scheiben schneiden. Frühlingszwiebeln putzen und waschen, weiße und grüne Teile schräg in Ringe schneiden. Knoblauch schälen und fein hacken.

4 Etwa 10 Min. vor dem Ende der Garzeit einen Wok erhitzen, das übrige Öl hineingeben. Weiße Frühlingszwiebeln, Knoblauch und Brokkoli darin unter Rühren bei starker Hitze ca. 2 Min. braten. Möhren und Zucchini dazugeben und alles weitere 3 Min. rührbraten. Frühlingszwiebelgrün untermischen, mit Sojasauce würzen. Gemüse mit Entrecotes auf vorgewärmten Tellern anrichten.

KALBSFILET MIT MANGOSAUCE

600 g Kalbsfilet | Salz | Pfeffer | 2 EL Butterschmalz | 1 Stück frischer Ingwer (ca. 3 cm) | 1 kleine Zwiebel | 1 Knoblauchzehe | 40 g Cashewnusskerne | 1 TL Currypulver | 300 ml Mangopulp (aus dem Asienladen) | 100 ml Orangensaft

Indisch inspiriert

Für 4 Personen | 30 Min. Zubereitung | 1 Std. 30 Min. NT-Garzeit | Kerntemperatur: 60° Pro Portion ca. 330 kcal, 33 g EW, 12 g F, 20 g KH

1 Den Backofen samt ofenfester Form auf 80° (Ober- und Unterhitze) vorheizen. Das Filet trocken tupfen, salzen und pfeffern. 1 EL Butterschmalz in einer Pfanne erhitzen, das Filet darin bei mittlerer Hitze rundherum 5 – 6 Min. anbraten. In die Form setzen und ca. 1 Std. 30 Min. im Backofen (Mitte) garen, bis eine Kerntemperatur von 60° erreicht ist.

2 Etwa 20 Min. vor Ende der Garzeit Ingwer, Zwiebel und Knoblauch schälen und fein hacken. Das übrige Butterschmalz in einem Topf zerlassen. Ingwer, Zwiebel, Knoblauch und Cashewnusskerne darin bei mittlerer Hitze ca. 2 Min. anbraten. Currypulver, Mangopulp und Orangensaft dazugeben und bei schwacher Hitze ca. 10 Min. köcheln lassen. Die Sauce pürieren und mit Salz würzen.

3 Das Kalbsfilet in Scheiben schneiden, mit der Sauce auf vorgewärmte Teller geben. Dazu schmecken Basmatireis und Chicoréesalat.

VARIANTE KALBSBRATEN FÜR 6 PERSONEN

Für einen Kalbsbraten aus dem ausgelösten Rücken (1,2 kg für 6 Personen) den gewürzten Braten 7 – 8 Min. anbraten und bei 80° im Ofen (Mitte) ca. 2 Std. 30 Min. garen, bis eine Kerntemperatur von 60° erreicht ist.

KALBSROLLBRATEN

Eine sahnige Weißweinsauce ist für mich die perfekte Ergänzung zu diesem aromatischen, mit Pilzen und Thymian gefüllten Kalbsbraten.

10 g getrocknete Steinpilze
250 g braune Champignons
4 Schalotten
½ Bund Thymian
2 EL Butterschmalz
Salz | Pfeffer
800 g Kalbsbraten (Nuss oder Schulter, eventuell beim Metzger vorbestellen)
250 ml trockener Weißwein (oder Kalbsfond)
200 g Sahne
Küchengarn

Würzig gefüllt

Für 4 Personen | 1 Std. Zubereitung | 2 Std. 30 Min. NT-Garzeit | Kerntemperatur: 60°
Pro Portion ca. 480 kcal, 44 g EW, 27 g F, 6 g KH

1 Die getrockneten Pilze in warmem Wasser ca. 10 Min. einweichen. Die Champignons putzen, trocken abreiben und fein hacken. 2 Schalotten schälen und fein hacken. Den Thymian waschen, trocken schütteln und die Blättchen fein hacken.

2 1 EL Butterschmalz in einer Pfanne zerlassen, Schalotten und gehackte Pilze darin bei starker Hitze ca. 2 Min. anbraten. Eingeweichte Pilze ausdrücken, fein hacken und unterrühren. Alles unter Rühren braten, bis jegliche Flüssigkeit verdampft ist. Mit Thymian, Salz und Pfeffer würzen. Die Pilze abkühlen lassen.

3 Das Fleisch zum Füllen spiralförmig einschneiden (Bild 1), salzen und zum Füllen auslegen. Die Pilzfüllung darauf verteilen, dabei einen Rand von 3 cm frei lassen, damit nichts herausquellen kann (Bild 2). Den Braten aufrollen und mit Küchengarn binden.

4 Den Backofen samt einer ofenfesten Form auf 80° (Ober- und Unterhitze) vorheizen. Übriges Butterschmalz in einer Pfanne zerlassen. Den Rollbraten darin 6–7 Min. rundherum, auch an den Enden, anbraten (Bild 3). In die Form setzen und ca. 2 Std. 30 Min. im Ofen (Mitte) garen, bis das Fleisch eine Kerntemperatur von 60° erreicht hat. Die Pfanne nicht auswaschen.

5 Etwa 20 Min. vor Ende der Garzeit die übrigen Schalotten schälen und fein würfeln. Im Bratensatz in der Pfanne anbraten, mit Wein und Sahne ablöschen. Die Sauce bei mittlerer Hitze cremig einkochen lassen. Mit Salz und Pfeffer abschmecken.

6 Den Kalbsrollbraten in Scheiben schneiden und mit der Sauce auf vorgewärmten Tellern anrichten. Dazu passen Bandnudeln.

1

2

3

ROASTBEEF MIT THYMIANJUS

Gebratene Kräuterseitlinge sind meine aktuellen Lieblingspilze – sie sind die perfekte Begleitung zu einem frisch gebratenen Roastbeef, wie ich finde.

1,2 kg Roastbeef
Salz | Pfeffer
1 EL mittelscharfer Senf
2 EL neutrales Pflanzenöl
200 ml trockener Rotwein
800 ml Rinderfond (aus dem Glas)
1 Bund Thymian
2 EL Butter
1 gehäufter EL Mehl
1 kg Kräuterseitlinge
3 EL Butterschmalz

Klassiker

Für 6 Personen | 1 Std. Zubereitung | 1 Std. 30 Min. – 2 Std. 30 Min. NT-Garzeit | Kerntemperatur: 50 – 60°
Pro Portion ca. 480 kcal, 54 g EW, 24 g F, 7 g KH

1 Den Backofen samt einer ofenfesten Form auf 80° (Ober- und Unterhitze) vorheizen. Das Fleisch von Häutchen und Sehnen befreien und rundherum mit Salz, Pfeffer und Senf einreiben. Das Öl in einer großen Pfanne (oder einem Bräter) erhitzen, das Fleisch darin von allen Seiten, auch an den Enden, bei mittlerer Hitze 8 – 10 Min. anbraten. Das Fleisch in die Form setzen und im Backofen (Mitte) 1 Std. 30 Min. (blutig: Kerntemperatur 50°), 2 Std. (durch und durch rosa: Kerntemperatur 55°) oder 2 Std. 30 Min. (zartrosa Kern: Kerntemperatur 60°) garen.

2 Gut 1 Std. vor Ende der Garzeit den Bratensatz in der Pfanne mit Rotwein ablöschen und den Fond angießen. Den Thymian waschen und trocken schütteln, die Hälfte der Zweige dazugeben. Alles offen in ca. 1 Std. auf ein Drittel einkochen. Für die Mehlbutter Butter und Mehl verkneten.

3 Die Pilze trocken abreiben, längs in Scheiben schneiden. Ein Blech zum Aufwärmen mit in den Ofen schieben. Das Butterschmalz zerlassen, die Pilze darin in mehreren Portionen ca. 3 Min. braten, salzen, pfeffern und auf dem Blech warm halten.

4 Die übrigen Thymianblättchen abstreifen und fein hacken. Eingekochte Sauce durch ein feines Sieb in einen Topf gießen und aufkochen lassen. Die Mehlbutter in Flöckchen einrühren, bis die Sauce leicht bindet. Mit Thymian, Salz und Pfeffer abschmecken. Roastbeef in Scheiben schneiden. Mit Pilzen und Sauce auf vorgewärmte Teller geben. Dazu passen Röstkartoffeln.

100 Gr.
100 Gr.

RIBEYEBRATEN

Frische Datteln, kandierter Ingwer und erntefrische Minze geben dem Braten eine raffinierte Würze und ein herrliches Aroma, das ich ganz besonders gerne mag.

2 kg Ribeyebraten (beim Metzger vorbestellen)
Salz
Cayennepfeffer
1 TL gemahlener Kreuzkümmel
3 EL neutrales Pflanzenöl
800 ml Kalbsfond (siehe S. 8 oder aus dem Glas)
200 ml Sherry medium
1 EL Honig
2 Knoblauchzehen
50 g Mandelstifte
12 frische Datteln
50 g kandierter Ingwer
1 Bund frische Minze
Küchengarn

Mit orientalischem Topping

Für 10 Personen | 1 Std. Zubereitung | 30 MIn. bei 220° | 3 Std. 30 Min. NT-Garzeit | Kerntemperatur: 60°
Pro Portion ca. 780 kcal, 74 g EW, 42 g F, 16 g KH

1 Den Backofen samt Fettpfanne auf 220° (Umluft 200°) vorheizen. Das Fleisch mit Salz, Cayennepfeffer und Kreuzkümmel würzen und mit Küchengarn in eine kompakte Form binden. Das Öl in die Fettpfanne geben, den Braten einlegen und von beiden Seiten jeweils ca. 15 Min. vorbraten. Die Ofentemperatur auf 80° (Ober- und Unterhitze) zurückschalten und bei geöffneter Ofentür in ca. 5 Min. absenken lassen. Den Braten in ca. 3 Std. 30 Min. bis zu einer Kerntemperatur von 60° garen.

2 Kalbsfond, Sherry und Honig in einen Topf geben. Den Knoblauch schälen und dazupressen. Alles aufkochen und bei mittlerer Hitze in ca. 1 Std. auf ein Drittel einkochen lassen.

3 Für das Topping die Mandelstifte in einer Pfanne bei schwacher Hitze goldbraun rösten, abkühlen lassen. Die Datteln entsteinen und fein würfeln. Den kandierten Ingwer fein hacken. Die Minze waschen, trocken schütteln und die Blätter fein schneiden. Alles mit einem Messer mischen und durchhacken.

4 Den Braten in Scheiben schneiden und auf vorgewärmten Tellern anrichten. Mit der Sauce überziehen und die Dattel-Ingwer-Mischung darüberstreuen. Dazu schmeckt Couscous.

GUT ZU WISSEN

Ribeye nennt man das Fleisch der Hochrippe, das sich durch perfekte Fettmarmorierung und ein »Fettauge« im Inneren auszeichnet. Daraus lassen sich auch leckere Steaks zubereiten: Das Fleisch ca. 3 cm dick schneiden, von jeder Seite ca. 2 Min. anbraten und nach gewünschtem Gargrad im Ofen bei 80° 45 Min. bis 1 Std. 15 Min. garen.

RINDERFILET MIT COGNACSAUCE

800 g Rinderfilet (aus der Mitte) | Salz | 2 EL neutrales Pflanzenöl | Pfeffer | 6 EL Cognac | 100 g Butter | 100 ml starker Espresso | 400 ml Kalbsfond (siehe S. 8 oder aus dem Glas) | ½ TL Zucker | ⅓ TL Lebkuchengewürz

Raffiniert

Für 4 Personen | 30 Min. Zubereitung | 2 Std. NT-Garzeit | Kerntemperatur: 55°
Pro Portion ca. 580 kcal, 43 g EW, 40 g F, 3 g KH

1 Den Backofen samt ofenfester Form auf 80° (Ober- und Unterhitze) vorheizen. Das Fleisch salzen. Öl in einer Pfanne erhitzen, das Filet darin bei mittlerer Hitze rundherum 7 – 8 Min. anbraten. Das Filet pfeffern, in die Form legen, 2 EL Cognac darüberträufeln und ca. 2 Std. im Ofen (Mitte) garen. Die Pfanne nicht auswaschen. Die Butter klein würfeln und ins Tiefkühlfach geben.

2 Etwa 20 Min. vor Ende der Garzeit Espresso, Kalbsfond und übrigen Cognac zum Bratensatz in die Pfanne geben und bei starker Hitze auf ein Drittel einkochen lassen. Zucker und Lebkuchengewürz unterrühren. Die kalte Butter mit dem Schneebesen einrühren, bis die Sauce leicht bindet, jetzt nicht mehr kochen lassen. Die Sauce mit Salz und Pfeffer abschmecken.

3 Wenn das Filet die Kerntemperatur von 55° erreicht hat, das Fleisch aus dem Ofen nehmen. Den Bratensaft aus der Form unter die Sauce rühren. Das Fleisch in Scheiben schneiden und mit der Sauce auf vorgewärmten Tellern anrichten. Dazu schmecken Eierbandnudeln und Brokkoli.

RINDERFILET MIT ZWIEBELKONFIT

150 g Ziegenweichkäse | 50 g schwarze Oliven | ½ Bund Thymian | Pfeffer | 1 kg Rinderfilet (aus der Mitte) | Salz | 2 EL neutrales Pflanzenöl | 4 große rote Zwiebeln | 2 EL Butter | 200 ml Rotwein | 100 ml roter Portwein

Französisch inspiriert

Für 6 Personen | 1 Std. Zubereitung |
3 Std. NT-Garzeit | Kerntemperatur: 60°
Pro Portion ca. 440 kcal, 41 g EW, 25 g F, 5 g KH

1 Ziegenkäse klein würfeln. Oliven entsteinen und klein schneiden. Thymian waschen, trocken schütteln, die Blättchen abstreifen und fein hacken. Alles vermengen und mit Pfeffer würzen. Das Filet von beiden Seiten quer mit einem spitzen Messer bis zur Mitte einstechen. Die Öffnung mit einem Kochlöffelstiel erweitern, die Füllung mit Finger und Kochlöffelstiel hineindrücken.

2 Ofen samt ofenfester Form auf 80° (Ober- und Unterhitze) vorheizen. Filet salzen, pfeffern. Öl in einer Pfanne erhitzen, Filet darin rundum 7 – 8 Min. anbraten. In der Form im Ofen (Mitte) in ca. 3 Std. bis zu einer Kerntemperatur von 60° garen (Bratenthermometer ins Fleisch, nicht bis zur Füllung stechen!). Die Pfanne nicht auswaschen.

3 30 Min. vor Ende der Garzeit Zwiebeln schälen, in Ringe schneiden. Butter im Bratensatz in der Pfanne aufschäumen, Zwiebeln darin bei mittlerer Hitze 5 Min. anbraten. Salzen, mit Rot- und Portwein ablöschen, in ca. 15 Min. einkochen lassen.

4 Das Filet aus dem Ofen nehmen, den Bratensaft aus der Form zu den Zwiebeln geben. Das Filet in 6 Scheiben schneiden und mit den Zwiebeln auf vorgewärmten Tellern anrichten. Dazu passt mit Olivenöl verfeinerter Kartoffelstampf.

SCHWEIN

Das beliebte Schweinefleisch präsentiert sich hier von seiner wandelbaren Seite: exotisch mit Salsa oder mediterran mit Rosmarin, elegant oder rustikal, aber immer schön saftig und wunderbar delikat.

MEDAILLONS MIT PFIRSICHSALSA

300 g Schweinefilet | Salz | Cayennepfeffer | 3 EL neutrales Öl | 2 Pfirsiche | 1/4 Honigmelone | 1/2 große rote Chilischote | 1/2 Bund Koriandergrün | 3 EL Limettensaft | 1/2 TL Zucker

Exotisch

Für 2 Personen | 25 Min. Zubereitung | 40 Min. NT-Garzeit | Kerntemperatur: 65°
Pro Portion ca. 640 kcal, 36 g EW, 34 g F, 47 g KH

1 Ofen samt ofenfester Form auf 80° (Ober- und Unterhitze) vorheizen. Filet in 6 Scheiben schneiden, mit Salz und Cayennepfeffer würzen. 2 EL Öl in einer Pfanne erhitzen, Medaillons darin von jeder Seite ca. 2 Min. anbraten. In der Form im Ofen (Mitte) ca. 40 Min. garen.

2 Inzwischen für die Salsa die Pfirsiche mit kochendem Wasser überbrühen, häuten, halbieren, entsteinen und das Fruchtfleisch klein würfeln. Die Melone schälen, entkernen und ebenfalls klein schneiden. Die Chilischote längs aufschneiden, von den Samen befreien, waschen und fein hacken. Das Koriandergrün waschen und trocken schütteln, die Blätter abzupfen und grob hacken.

3 Den Limettensaft mit Zucker, 1 kräftigen Prise Salz, der gehackten Chilischote und dem übrigen Öl verrühren. Pfirsich- und Melonenwürfelchen und Koriandergrün untermischen. Die Salsa in zwei Schalen oder Gläschen füllen und zu den Medaillons servieren.

VARIANTE SCHWEINEKOTELETTS

Für 2 Personen 2 Koteletts (à ca. 180 g) würzen, von jeder Seite ca. 2 Min. anbraten und bei 80° im Ofen (Mitte) in ca. 1 Std. fertig garen und mit der Pfirsichsalsa genießen.

PFEFFER-PISTAZIEN-FILET

1 großes Schweinefilet (600 g) | Salz | 2 EL neutrales Pflanzenöl | 2 Scheiben Toastbrot | 25 g Pistazienkerne | 1 TL rosa Pfefferbeeren | 1 TL schwarze Pfefferkörner | 1 EL grobkörniger Rotisseursenf

Raffiniert

Für 4 Personen | 30 Min. Zubereitung | 1 Std. NT-Garzeit | Kerntemperatur: 65°
Pro Portion ca. 310 kcal, 34 g EW, 17 g F, 6 g KH

1 Den Backofen samt ofenfester Form auf 80° (Ober- und Unterhitze) vorheizen. Die Filetspitze entfernen und anderweitig verwenden. Das Filet salzen. Das Öl in einer Pfanne erhitzen, das Filet darin rundherum, auch an den Enden, 6–7 Min. anbraten. Das Filet in die Form legen und im Backofen (Mitte) ca. 1 Std. garen, bis eine Kerntemperatur von 50° erreicht ist.

2 Das Toastbrot entrinden und im Blitzhacker mit Pistazienkernen, rosa Pfefferbeeren und schwarzen Pfefferkörnern zerkleinern. Das Filet herausnehmen, die Ofentemperatur auf 220° erhöhen. Das Filet mit dem Senf bestreichen und in der Pfeffermischung wälzen. Auf das Backofengitter legen (eventuell die Fettpfanne unterschieben) und ca. 10 Min. garen, bis eine Kerntemperatur von 65° erreicht und die Pfefferkruste knusprig ist.

3 Das Filet herausnehmen und ca. 5 Min. ruhen lassen. Dann das Filet in Scheiben schneiden und servieren. Dazu schmeckt Blattspinat.

TIPP

Wenn ich das Filet anschließend nicht überkruste, gare ich es bei 80° im Ofen (Mitte) ca. 1 Std. 45 Min., bis eine Kerntemperatur von 65° erreicht ist.

ROSMARINLENDE

Ein Kapern-Kräuter-Risotto ist eine ungewöhnliche Begleitung zu diesem saftigen mediterranen Braten – doch diese Kombination schmeckt mir am besten.

1 Bund Rosmarin
800 g Schweinelende (ausgelöstes Kotelettstück, ohne Haut und Fettschicht)
Salz | Pfeffer
1 TL mittelscharfer Senf
4 EL Olivenöl
2 Schalotten
1 Knoblauchzehe
900 ml Gemüsebrühe (Instant)
300 g Risottoreis (z. B. Arborio)
250 ml trockener Weißwein (oder Gemüsebrühe)
2 EL kleine Kapern (aus dem Glas)
1 Bund gemischte italienische Kräuter (Basilikum, Oregano, Thymian)
2 EL Butter

Schmeckt auch kalt

Für 4 Personen | 50 Min. Zubereitung | 2 Std. 30 Min. NT-Garzeit | Kerntemperatur: 65° Pro Portion ca. 750 kcal, 49 g EW, 29 g F, 63 g KH

1 Ofen samt ofenfester Form auf 80° (Ober- und Unterhitze) vorheizen. Rosmarin waschen und trocken schütteln, die Hälfte der Zweige in die Form legen. Fleisch salzen, pfeffern und mit Senf einreiben. 2 EL Öl in einer Pfanne erhitzen, das Fleisch darin von allen Seiten 6–7 Min. anbraten. In die Form legen, übrigen Rosmarin darauf verteilen. Die Lende im Backofen (Mitte) ca. 2 Std. 30 Min. garen, bis eine Kerntemperatur von 65° erreicht ist.

2 Etwa 30 Min. vor Ende der Garzeit Schalotten und Knoblauch schälen und fein hacken. Die Brühe erhitzen. Übriges Öl in einem Topf erhitzen, Schalotten und Knoblauch darin bei mittlerer Hitze unter Rühren ca. 1 Min. anbraten. Den Reis hinzufügen und ca. 1 Min. mitbraten. Mit dem Wein ablöschen und einkochen lassen. Ab jetzt, immer wenn der Reis die Flüssigkeit aufgesogen hat, eine Schöpfkelle heiße Brühe hinzufügen und regelmäßig umrühren.

3 Kapern abtropfen lassen. Kräuter waschen, trocken schütteln und fein hacken. Nach ca. 20 Min. den Reis probieren (er ist in 22–25 Min. gar). Wenn er fertig ist, Kapern, Kräuter, Butter und eventuell noch 3 EL Brühe unterrühren, mit Salz und Pfeffer abschmecken. Den Braten von den Rosmarinzweigen befreien, in Scheiben schneiden und sofort mit dem Kapern-Kräuter-Risotto servieren.

VARIANTE SCHWEINELENDE FÜR 10 PERSONEN

Eine 2 kg schwere Schweinelende braten Sie 8–10 Min. an. Garen Sie die Lende dann bei 80° im Ofen (Mitte) ca. 3 Std., bis eine Kerntemperatur von 65° erreicht ist. Da das Stück länger, aber nicht dicker ist, verlängert sich die Garzeit kaum.

SCHWEINENACKEN

1,2 kg Schweinenacken (ohne Schwarte) | Salz | Pfeffer | 3 EL neutrales Pflanzenöl | 1,5 kg vorwiegend festkochende Kartoffeln | 4 Möhren | 400 g Knollensellerie | 2 Petersilienwurzeln | 3 EL Butter | 250 ml Gemüsefond (aus dem Glas) | 1 Bund Petersilie

Schön deftig

Für 6 Personen | 45 Min. Zubereitung |
4 Std. 30 Min. NT-Garzeit | Kerntemperatur: 65°
Pro Portion ca. 710 kcal, 41 g EW, 43 g F, 39 g KH

1 Den Backofen samt ofenfester Form auf 80° (Ober- und Unterhitze) vorheizen. Das Fleisch salzen und pfeffern. 2 EL Öl in einer Pfanne erhitzen, das Fleisch darin 8 – 10 Min. rundherum anbraten. Das Fleisch in die Form legen und im Backofen (Mitte) ca. 4 Std. 30 Min. garen, bis eine Kerntemperatur von 65° erreicht ist.

2 Etwa 30 Min. vor Ende der Garzeit die Kartoffeln schälen, würfeln, in einen Topf geben, mit Salzwasser bedecken und in ca. 12 Min. weich kochen.

3 Das Gemüse schälen und in streichholzdünne Stifte schneiden oder hobeln. Übriges Öl mit 1 EL Butter in einem Topf erhitzen, die Gemüsestifte darin bei mittlerer Hitze ca. 2 Min. anbraten. Mit dem Fond ablöschen und das Gemüse zugedeckt bei schwacher Hitze in ca. 5 Min. garen.

4 Die Petersilie waschen und trocken schütteln, die Blätter fein hacken. Das Kartoffelwasser abgießen, Petersilie und übrige Butter zu den Kartoffeln geben und den Topf kräftig rütteln. Den Schweinenacken in Scheiben schneiden und mit den Petersilienkartoffeln auf vorgewärmten Tellern anrichten. Die Gemüsestreifen samt Garflüssigkeit auf dem Fleisch verteilen.

PORCHETTA

3 Knoblauchzehen | 4 Zweige Rosmarin und Thymian | ½ Bund Oregano | 1 kg Schweineschulter (ohne Schwarte) | Salz | Pfeffer | 4 EL Olivenöl | 12 junge Artischocken | einige Zitronenscheiben | Küchengarn

Italienischer Klassiker

Für 4 – 5 Personen | 45 Min. Zubereitung |
2 Std. 30 Min. NT-Garzeit | Kerntemperatur: 65°
Bei 5 Portionen pro Portion ca. 590 kcal,
35 g EW, 49 g F, 2 g KH

1 Ofen samt ofenfester Form auf 80° (Ober- und Unterhitze) vorheizen. Knoblauch schälen, längs vierteln. Kräuter waschen und trocken schütteln.

2 Das Fleisch rundherum mit einem spitzen Messer etwa 1 cm tief einstechen und die Knoblauchviertel in die Löchlein stecken, dann salzen und pfeffern. 2 EL Öl in einer Pfanne erhitzen, das Fleisch darin rundherum 6 – 7 Min. anbraten. Dann in die Kräuterzweige hüllen und diese mit Küchengarn festbinden (schnell arbeiten, damit die Anbratwärme nicht verloren geht). Im Ofen (Mitte) ca. 2 Std. 30 Min. garen, bis eine Kerntemperatur von 65° erreicht ist.

3 Etwa 30 Min. vor Ende der Garzeit die Artischocken putzen, vierteln und sofort in Wasser mit Zitronenscheiben legen. Übriges Öl in einer großen Pfanne erhitzen. Artischocken trocken tupfen und darin bei mittlerer Hitze ca. 2 Min. anbraten. Zugedeckt in 6 – 7 Min. dünsten. Salzen und pfeffern.

4 Die Porchetta von den Kräuterzweigen befreien, in Scheiben schneiden und mit den Artischocken auf vorgewärmten Tellern servieren.

SCHULTERBRATEN MIT BIERSAUCE

Nur für den unwahrscheinlichen Fall, dass etwas übrig bleibt: Der Schweinebraten schmeckt auch kalt ganz ausgezeichnet.

2 EL grober Rotisseursenf
2 EL Honig
1 TL getrockneter Majoran
400 ml helles Bier
1,5 kg Schweineschulter (ohne Schwarte)
Salz | Pfeffer
3 EL neutrales Pflanzenöl
400 ml Kalbsfond (siehe S. 8 oder aus dem Glas)
2 EL dunkler Saucenbinder (nach Belieben)

Würzig-süß mariniert

Für 8 Personen | 1 Std. Zubereitung | 2 Std. Marinieren | 30 Min. bei 220° | 4 Std. NT-Garzeit | Kerntemperatur: 65°
Pro Portion ca. 530 kcal, 33 g EW, 40 g F, 5 g KH

1 Senf, Honig und Majoran mit dem Bier verrühren. Das Fleisch kalt abwaschen, mit Küchenpapier abtrocknen und mit der Marinade in einen großen lebensmittelechten Beutel geben. Den Beutel verschließen und ca. 2 Std. beiseitelegen.

2 Den Backofen samt einer Fettpfanne auf 220° (Ober- und Unterhitze) vorheizen. Den Schweineschulterbraten aus der Marinade nehmen, trocken tupfen, salzen und pfeffern (die Marinade für die Sauce aufbewahren). Das Öl in die Fettpfanne geben, den Braten darin von beiden Seiten jeweils ca. 15 Min. anbraten. Die Ofentemperatur auf 80° (Ober- und Unterhitze) zurückschalten und die Temperatur bei geöffneter Tür in ca. 5 Min. auf 80° absenken lassen. Den Schweinebraten im Backofen (Mitte) in ca. 4 Std. garen, bis eine Kerntemperatur von 65° erreicht ist.

3 Etwa 30 Min. vor Ende der Garzeit Honig-Bier-Marinade und Kalbsfond in einen Topf geben und offen ca. 30 Min. einkochen lassen. Den Braten aus dem Backofen nehmen. Den Bratensatz in der Fettpfanne mit 4 EL heißem Wasser lösen und zur Sauce geben. Die Sauce nach Belieben mit dem Saucenbinder nach Packungsangabe binden. Mit Salz und Pfeffer abschmecken.

4 Den Schweinebraten in Scheiben schneiden und mit der Sauce auf vorgewärmten Tellern anrichten. Dazu schmecken Serviettenknödel oder Kartoffelklöße und Spitzkohlgemüse.

LAMM & WILD

In diesem Kapitel haben Lamm, Hirsch, Reh und Wildschwein ihren großen Auftritt. Bei Niedrigtemperatur gegart bleibt auch fettarmes Wild supersaftig und das charakteristische Aroma kommt besonders gut zur Geltung.

LAMMKARREE

2 Lammkarrees (à ca. 400 g, beim Metzger vorbestellen und Knochen freischaben lassen) | Salz | Pfeffer | 4 EL Olivenöl | 400 g Kirschtomaten | ½ Bund Thymian | Zucker | 12 grüne Oliven (ohne Stein) | 4 getrocknete Tomaten (in Öl eingelegt) | 2 – 3 Stiele Basilikum | Knoblauchzehe (nach Belieben) | 100 g weiche Butter

Mediterran

Für 4 Personen | 30 Min. Zubereitung | 1 Std. 30 Min. NT-Garzeit | Kerntemperatur: 55° Pro Portion ca. 880 kcal, 39 g EW, 78 g F, 4 g KH

1 Ofen samt ofenfester Form auf 80° (Ober- und Unterhitze) vorheizen. Fleisch kalt abwaschen, abtrocknen, salzen, pfeffern. 2 EL Öl in einer Pfanne erhitzen, Fleisch darin rundum 5 – 6 Min. anbraten. In der Form im Ofen (Mitte) 1 Std. 30 Min. garen, bis eine Kerntemperatur von 55° erreicht ist.

2 Etwa 30 Min. vor Ende der Garzeit die Tomaten waschen. Thymian waschen und trocken schütteln, die Blättchen abstreifen und fein hacken. Übriges Öl in einer Pfanne erhitzen. Die Tomaten hineingeben, ¼ TL Salz und ½ TL Zucker darüberstreuen. Den Zucker bei mittlerer Hitze in 2 – 3 Min. karamellisieren lassen, die Pfanne gelegentlich rütteln. Den Thymian darüberstreuen und die Pfanne mit in den Ofen (Backofenboden) stellen.

3 Oliven und getrocknete Tomaten abtropfen lassen und klein würfeln. Basilikum waschen, trocken schütteln und die Blätter fein hacken. Nach Belieben den Knoblauch schälen und durchpressen. Alles mit der Butter verrühren und mit Salz und Pfeffer abschmecken. Die Lammkarrees portionieren und mit den Kirschtomaten und der Olivenbutter servieren. Dazu passt knuspriges Ciabattabrot.

LAMMRÜCKENFILET

2 große Lammrückenfilets (à ca. 250 g) | Salz | Pfeffer | 2 EL Olivenöl | 200 g grüne Bohnen | 500 g frische Pfifferlinge | 2 Schalotten | 40 g durchwachsener Speck (ohne Schwarte) | 1 EL Butterschmalz | 1 EL Mehl | 100 ml Gemüsebrühe (Instant) | 1–2 TL Zitronensaft | Eiswürfel

Herzhaft

Für 4 Personen | 40 Min. Zubereitungszeit | 30 Min. NT-Garzeit | Kerntemperatur: 55°
Pro Portion ca. 450 kcal, 31 g EW, 34 g F, 5 g KH

1 Den Backofen samt einer ofenfesten Form auf 80° (Ober- und Unterhitze) vorheizen. Die Lammrückenfilets mit Salz und Pfeffer würzen. Das Öl in einer Pfanne erhitzen, die Filets darin rundherum 4–5 Min. anbraten. In die Form legen und im Ofen (Mitte) ca. 30 Min. garen, bis eine Kerntemperatur von 55° erreicht ist.

2 Die Bohnen waschen, putzen, dabei eventuell die Fäden abziehen. In kochendem Salzwasser in 6–7 Min. bissfest kochen. Abgießen, in Eiswasser abschrecken und in einem Sieb abtropfen lassen.

3 Die Pfifferlinge putzen, kleine Pilze ganz lassen, größere halbieren. Die Schalotten schälen und fein hacken. Den Speck fein würfeln.

4 Butterschmalz in einer großen Pfanne erhitzen, Speck, Pfifferlinge und Schalotten darin ca. 2 Min. anbraten. Mit Mehl bestäuben und unter Rühren ca. 1 Min. weiterbraten. Mit der Brühe ablöschen, aufkochen und alles zugedeckt bei schwacher Hitze ca. 3 Min. schmoren lassen. Bohnen unterrühren und zugedeckt in ca. 2 Min. erwärmen. Mit Salz, Pfeffer und Zitronensaft abschmecken. Lammrückenfilets in Scheiben schneiden, mit Gemüse servieren. Dazu passen Pellkartoffeln.

LAMMKEULE MIT JOGHURTKRUSTE

Die Gewürzkruste verleiht dem Lammfleisch ein unvergleichliches orientalisches Aroma. Unbedingt ausprobieren! Sie werden begeistert sein.

1 Lammkeule (mit Knochen, ca. 2,5 kg; beim Metzger vorbestellen)
Salz
5 EL Olivenöl
200 g türkischer oder griechischer Joghurt (10 % Fett)
2 Knoblauchzehen
2 EL Semmelbrösel
2 EL Tomatenmark
1 TL rosenscharfes Paprikapulver
1 TL getrockneter Majoran
1 TL gemahlener Kreuzkümmel
Pfeffer
400 ml Lammfond (aus dem Glas)
1–2 EL dunkler Saucenbinder (nach Belieben)

Türkisch inspiriert

Für 6 Personen | ca. 50 Min. Zubereitung | 30 Min. bei 220° und 180° | ca. 3 Std. 30 Min. NT-Garzeit | Kerntemperatur: 60°
Pro Portion ca. 1000 kcal, 63 g EW, 81 g F, 6 g KH

1 Den Backofen samt Fettpfanne auf 220° vorheizen. Die Lammkeule kalt abwaschen und abtrocknen. Haut und Fett entfernen, die Keule rundherum salzen. 3 EL Öl in die Fettpfanne geben, die Lammkeule mit der Knochenseite nach unten einlegen und im Ofen (unteres Drittel, Umluft 200°) ca. 30 Min. braten. Die Ofentemperatur bei geöffneter Backofentür auf 80° (Ober- und Unterhitze) in ca. 5 Min.absenken lassen, die Keule ca. 3 Std. garen, bis eine Kerntemperatur von 60° erreicht ist. Soll die Keule nicht überkrustet werden, 3 Std. 30 Min. bis zur Kerntemperatur von 60° garen.

2 Den Joghurt in eine Schüssel geben. Den Knoblauch schälen und dazupressen. Mit Semmelbröseln, Tomatenmark, übrigem Öl, Paprikapulver, Majoran und Kreuzkümmel verrühren. Den Joghurt mit Salz und Pfeffer abschmecken.

3 Die Fettpfanne samt Keule herausnehmen, Ofentemperatur auf 180° (Umluft 160°) erhöhen. Joghurtmischung auf der Lammkeule verteilen und andrücken (am besten mit einem Teigschaber). Den Fond angießen, die Joghurtkruste im Ofen (Mitte) in ca. 30 Min. Farbe annehmen lassen.

4 Die Lammkeule auf eine vorgewärmte Platte legen und abgedeckt ca. 10 Min. ruhen lassen. Die Sauce durch ein feines Sieb in einen Topf gießen, aufkochen und nach Belieben mit Saucenbinder binden. Das Fleisch in Scheiben vom Knochen schneiden und mit der Sauce auf vorgewärmte Teller geben. Dazu passen Petersilien- oder Majorankartoffeln.

REHKEULE MIT ZIMTROTKOHL

Rotwein, Zimtstangen und Nelken verleihen dem Rotkohl eine würzige Note, die perfekt mit dem kräftigen Wildaroma des Rehs harmoniert.

1 Rehkeule (ohne Knochen 1,5 kg; vom Wildhändler entbeinen lassen)
Salz | Pfeffer
3 EL neutrales Pflanzenöl
30 g Butter
1 EL Mehl
1 Rotkohl (ca. 1,2 kg)
1 Zwiebel
2 EL Butterschmalz
1 EL Zucker
400 ml Rotwein (oder Johannisbeernektar)
2 Zimtstangen
3 Gewürznelken
1 Lorbeerblatt
600 ml Wildfond (aus dem Glas)
Küchengarn

Feines Wintergericht

Für 6 Personen | ca. 1 Std. Zubereitung | 5 Std. NT-Garzeit | Kerntemperatur: 60°
Pro Portion ca. 545 kcal, 61 g EW, 23 g F, 10 g KH

1 Den Backofen samt einer ofenfesten Form auf 80° (Ober- und Unterhitze) vorheizen. Die Rehkeule kalt abwaschen, trocken tupfen und von Häutchen und Sehnen befreien. Salzen, pfeffern und mit Küchengarn in eine kompakte Form binden. Öl in einer Pfanne erhitzen, die Keule darin bei mittlerer Hitze rundherum 8–10 Min. anbraten. In die Form legen und im Ofen (Mitte) ca. 5 Std. garen, bis eine Kerntemperatur von 60° erreicht ist. Die Pfanne nicht ausspülen. Butter mit Mehl verkneten und kalt stellen.

2 Den Rotkohl putzen, vierteln, vom Strunk befreien und in feine Streifen hobeln. In einer Schüssel mit 1 TL Salz mischen. Zwiebel schälen und fein hacken. Butterschmalz in einem Schmortopf erhitzen, Zwiebel und Zucker darin bei mittlerer Hitze ca. 2 Min. anbraten. Den Rotkohl hinzufügen und unter Rühren ca. 2 Min. mitbraten. Wein, Zimtstangen, Nelken und Lorbeerblatt dazugeben und zugedeckt bei mittlerer Hitze ca. 1 Std. schmoren lassen, dabei gelegentlich umrühren. Den Rotkohl mit Salz und Pfeffer abschmecken und beiseitestellen.

3 Etwa 20 Min. vor Ende der Garzeit den Rotkohl wieder erwärmen. Den Bratensatz in der Pfanne erhitzen, den Fond angießen und offen bei starker Hitze ca. 10 Min. einkochen lassen. Mehlbutter in Flöckchen einrühren, bis die Sauce leicht bindet. Mit Salz und Pfeffer abschmecken. Die Rehkeule herausnehmen und in Scheiben schneiden. Mit Rotkohl und Sauce servieren. Dazu passen Serviettenknödel oder Schupfnudeln.

REHRÜCKEN

1 Rehrücken (mit Knochen ca. 1,5 kg) | Salz | Pfeffer | 3 EL neutrales Pflanzenöl | 1 Zwiebel | 1 Knoblauchzehe | 1 Möhre | 100 g Knollensellerie | einige Wildknochen (vom Wildhändler hacken lassen) | 1 EL Tomatenmark | ½ l trockener Rotwein (oder Fleischbrühe) | ½ l Rindfleischbrühe (Instant) | 1 TL Wacholderbeeren | 1 Lorbeerblatt | 150 g Crème fraîche

Mit Wildrahmsauce

Für 4 Personen | 45 Min. Zubereitung | 2 Std. 30 Min. Garzeit | Kerntemperatur: 60°
Pro Portion ca. 810 kcal, 75 g EW, 44 g F, 7 g KH

1 Ofen samt ofenfester Form auf 80° (Ober- und Unterhitze) vorheizen. Rehrücken kalt abwaschen, trocken tupfen, salzen, pfeffern. Öl in einem Bräter erhitzen, Rehrücken darin rundum 8 – 10 Min. anbraten. Dann in der Form im Backofen (Mitte) ca. 2 Std. 30 Min. garen, bis eine Kerntemperatur vorn 60° erreicht ist. Den Bräter nicht auswaschen.

2 Zwiebel, Knoblauch, Möhre und Sellerie schälen und grob würfeln. Bräter wieder erhitzen, Knochen darin bei starker Hitze ca. 5 Min. anbraten. Zwiebel, Knoblauch, Möhre, Sellerie und Tomatenmark dazugeben und ca. 5 Min. mitbraten. Mit Wein und Brühe ablöschen, Gewürze zugeben. Zugedeckt bei schwacher Hitze ca. 2 Std. köcheln lassen.

3 10 Min. vor Ende der Garzeit den Saucenansatz durch ein Sieb in einen Topf abseihen (Gemüse wegwerfen). Den Saft, der sich in der Form im Ofen gebildet hat, zugeben, aufkochen. Crème fraîche unterrühren. Sauce ca. 3 Min. einkochen lassen, salzen, pfeffern. Fleisch vom Knochen schneiden und mit der Sauce auf vorgewärmten Tellern servieren. Dazu passen Spätzle und Rosenkohl.

HIRSCHRÜCKENFILET

1 Hirschrückenfilet (ca. 600 g) | Salz | Pfeffer | 2 EL neutrales Pflanzenöl | 1 Stück Knollensellerie (ca. 150 g) | 50 g Haselnusskerne | ½ Bund Petersilie | ½ TL abgeriebene Schale von 1 Bio-Zitrone | frisch geriebene Muskatnuss | 60 g Butter

Mit Knusperhaube

Für 4 Personen | 45 Min. Zubereitung | 1 Std. 30 Min. NT-Garzeit | Kerntemperatur: 60°
Pro Portion ca. 460 kcal, 33 g EW, 35 g F, 2 g KH

1 Den Backofen samt ofenfester Form auf 80° (Ober- und Unterhitze) vorheizen. Das Fleisch salzen und pfeffern. Das Öl in einer Pfanne erhitzen, das Fleisch darin bei mittlerer Hitze rundherum 5 – 6 Min. anbraten. In die Form legen und im Ofen (Mitte) ca. 1 Std. 30 Min. garen, bis eine Kerntemperatur von 55° erreicht ist.

2 Etwa 15 Min. vor Ende der Garzeit den Sellerie schälen und fein raspeln. Die Haselnusskerne grob hacken. Die Petersilie waschen und trocken schütteln, die Blätter abzupfen und fein schneiden. Alles mit der Zitronenschale mischen, mit Salz, Pfeffer und Muskat würzen.

3 Das Filet aus dem Ofen nehmen, die Temperatur auf 220° plus Grillfunktion erhöhen. Die Selleriemischung auf der Oberfläche des Fleisches verteilen, andrücken und die Butter in Flöckchen darauf verteilen. Unter dem heißen Backofengrill 8 – 10 Min. übergrillen. Das Hirschrückenfilet sollte dann eine Kerntemperatur von 60° haben. Das Filet herausnehmen und ca. 5 Min. ruhen lassen. Zum Servieren vorsichtig in vier Stücke schneiden. Soll das Filet nicht überbacken werden, ca. 2 Std. bis zur Kerntemperatur von 60° garen.

HIRSCHKEULE MIT PFLAUMENSAUCE

Meine Familie liebt diese würzig-süße Sauce, die nicht nur ausgezeichnet zur Hirschkeule passt, sondern auch zu anderen Wildgerichten.

1 Hirschkeule (mit Knochen ca. 2 kg)
Salz | Pfeffer
6 EL neutrales Pflanzenöl
100 g durchwachsener Speck (ohne Schwarte)
1 Zwiebel
1 Möhre
1 Petersilienwurzel
1 Stück Knollensellerie (ca. 100 g)
500 g Wildknochen (vom Wildhändler klein hacken lassen)
1 EL Tomatenmark
400 ml Rotwein (oder roter Traubensaft)
5 Wacholderbeeren
1 TL schwarze Pfefferkörner
150 g getrocknete Softpflaumen
1–2 EL Himbeeressig

Feines Festessen

Für 6 Personen | 1 Std. Zubereitung | 30 Min. bei 220° | 4 Std. NT-Garzeit | Kerntemperatur: 65°
Pro Portion ca. 730 kcal, 59 g EW, 41 g F, 18 g KH

1 Ofen samt Fettpfanne auf 220° (Umluft 200°) vorheizen. Die Hirschkeule waschen, trocken tupfen, von Häutchen und Sehnen befreien, rundherum salzen, pfeffern und mit 1 EL Öl einreiben. 2 EL Öl in die Fettpfanne geben, die Keule mit der Knochenseite nach unten einlegen und im Ofen (Mitte) ca. 30 Min. vorbraten. Die Ofentemperatur auf 80° (Ober- und Unterhitze) zurückschalten und bei geöffneter Backofentür auf 80° absenken. Die Hirschkeule ca. 4 Std. garen, bis eine Kerntemperatur von 65° erreicht ist.

2 Etwa 1 Std. vor Ende der Garzeit den Speck würfeln. Zwiebel und Gemüse schälen und grob würfeln. Das übrige Öl in einem Schmortopf erhitzen, Wildknochen darin bei starker Hitze ca. 5 Min. anbraten. Tomatenmark, Speck und Gemüse dazugeben und ca. 5 Min. mitbraten. Mit Wein und 1 l Wasser ablöschen, die Wacholderbeeren und Pfefferkörner dazugeben. Alles bei mittlerer Hitze ca. 30 Min. einkochen lassen.

3 Den Saucenansatz durch ein feines Sieb in einen Topf abgießen und die Pflaumen dazugeben. Alles aufkochen und offen bei schwacher Hitze ca. 10 Min. köcheln lassen. Die Sauce pürieren, mit Salz und Himbeeressig abschmecken.

4 Das Fleisch in Scheiben vom Knochen schneiden und mit der Pflaumensauce auf vorgewärmten Tellern anrichten. Dazu schmecken Spätzle oder böhmische Knödel.

VARIANTE HIRSCHBRATEN OHNE KNOCHEN

Für einen Hirschbraten ohne Knochen (1,2 kg für 6 Personen) rechne ich 6–8 Min. für das Anbraten in der heißen Pfanne und ca. 4 Std. 30 Min. für das Fertiggaren bei 80° im Ofen.

WILDSCHWEINRÜCKENFILET

Wildschweinrückenfilet (ca. 800 g) | Salz | Pfeffer | 2 Knoblauchzehen | 1 TL mittelscharfer Senf | ½ TL getrockneter Thymian | 3 EL Olivenöl | 400 g Bundmöhren | 400 g Pastinaken | 1 Zwiebel | 1 EL Butter | 100 ml Gemüsebrühe (Instant) | 4 Stiele Basilikum

Mediterran gewürzt

Für 4 Personen | 40 Min. Zubereitung | 3 Std. NT-Garzeit | Kerntemperatur: 65°
Pro Portion ca. 560 kcal, 41 g EW, 36 g F, 17 g KH

1 Den Backofen samt ofenfester Form auf 80° (Ober- und Unterhitze) vorheizen. Das Fleisch kalt abwaschen, abtrocknen, salzen und pfeffern. 1 Knoblauchzehe schälen und durchpressen. Mit Senf und Thymian verrühren, das Fleisch damit einreiben. 2 EL Öl in einer Pfanne erhitzen, das Fleisch darin von allen Seiten 6–7 Min. anbraten. In die Form legen und im Ofen (Mitte) ca. 3 Std. garen, bis eine Kerntemperatur von 65° erreicht ist.

2 Möhren und Pastinaken putzen, schälen und in Scheiben schneiden oder längs vierteln. Zwiebel und übrigen Knoblauch schälen und fein hacken. Übriges Öl und Butter in einem Topf erhitzen, Zwiebel und Knoblauch darin glasig anbraten. Das Gemüse dazugeben und bei mittlerer Hitze ca. 2 Min. anbraten. Mit Brühe ablöschen, salzen und pfeffern. Das Gemüse zugedeckt bei schwacher Hitze in ca. 12 Min. bissfest dünsten.

3 Basilikum waschen, trocken schütteln und die Blätter grob zerzupfen. Vor dem Servieren unter das Gemüse mischen, Gemüse salzen und pfeffern. Das Wildschweinrückenfilet herausnehmen, in Scheiben schneiden und mit Gemüse auf vorgewärmten Tellern servieren.

WILDSCHWEINBRATEN

Wildschweinbraten (ca. 1,2 kg aus Schulter oder Keule) | Salz | Pfeffer | 2 EL neutrales Pflanzenöl | 800 ml Wildfond (aus dem Glas) | 1 TL Wacholderbeeren | 2 – 3 Zweige Thymian | 1 Lorbeerblatt | 800 g mehligkochende Kartoffeln | 400 g Petersilienwurzeln | 2 EL Butter | 200 ml Milch | frisch geriebene Muskatnuss | 100 g Sahne | 2 EL Johannisbeergelee

Mit rustikalem Kartoffelstampf

Für 6 Personen | ca. 50 Min. Zubereitung | 4 Std. NT-Garzeit | Kerntemperatur 65°
Pro Portion ca. 658 kcal, 51 g EW, 38 g F, 24 g KH

1 Ofen samt ofenfester Form auf 80° (Ober- und Unterhitze) vorheizen. Fleisch salzen, pfeffern. Öl in einer Pfanne erhitzen, Fleisch darin rundum 8 – 10 Min. braten. In der Form im Ofen (Mitte) ca. 4 Std. garen, bis zu einer Kerntemperatur von 65°.

2 1 Std. vor Ende der Garzeit Fond, Wacholder, Thymian und Lorbeerblatt in einem Topf offen bei mittlerer Hitze in ca. 45 Min. einkochen lassen.

3 Für den Kartoffelstampf Kartoffeln und Petersilienwurzeln schälen, würfeln, in einem Topf mit Wasser bedecken, kräftig salzen und in ca. 15 Min. weich kochen. Kochwasser abgießen, Kartoffeln und Petersilienwurzeln mit einem Kartoffelstampfer grob zerstampfen. Butter in einem Pfännchen zerlassen und goldbraun werden lassen. Milch erhitzen und mit der Butter unter den Stampf rühren. Mit Salz und Muskat abschmecken.

4 Den Saucenfond durch ein Sieb in einen kleinen Topf abgießen, Sahne und Gelee unterrühren und offen in ca. 10 Min. einkochen lassen. Die Sauce salzen und pfeffern. Braten in Scheiben schneiden, mit Sauce und Kartoffelstampf servieren.

GEFLÜGEL

Die klassischen Festtagsbraten Ente, Gans und Pute gelingen bei 80° im Ofen völlig mühelos. Und das Resultat kann sich sehen lassen: Das Fleisch bleibt unvergleichlich saftig und zart. Die Haut wird – dank Kombi-Methode – wunderbar knusprig.

ORANGENENTENBRUST

1 große Entenbrust (350 – 400 g) | Salz | Pfeffer | 1 Bio-Orange | 1 EL Puderzucker | 2 EL Aceto balsamico

Für Gäste

Für 2 Personen | 20 Min. Zubereitung |
1 Std. NT-Garzeit | Kerntemperatur: 65°
Pro Portion ca. 380 kcal, 36 g EW, 20 g F, 10 g KH

1 Ofen samt ofenfester Form auf 80° (Ober- und Unterhitze) vorheizen. Entenbrust kalt abwaschen, abtrocknen, die Haut rautenförmig einritzen. Entenbrust mit Salz einreiben, auf der Fleischseite pfeffern und mit der Hautseite in eine Pfanne legen. Die Pfanne auf mittlere Hitze erwärmen, die Entenbrust ca. 4 Min. anbraten, wenden und auf der anderen Seite ca. 2 Min. braten. In der Form im Ofen (Mitte) ca. 1 Std. garen, bis eine Kerntemperatur von 65° erreicht ist. Pfanne nicht auswaschen.

2 Orange heiß abwaschen und abtrocknen, die Schale mit einem Zestenreißer in feinen Spänen abziehen, den Saft auspressen (ca. 100 ml). Das Entenfett aus der Pfanne abgießen, Puderzucker hineingeben und bei mittlerer Hitze schmelzen lassen. Mit Essig und Orangensaft ablöschen und offen ca. 2 Min. einkochen lassen. Orangenzesten unterrühren, die Sauce salzen und pfeffern.

3 Die Entenbrust herausnehmen, quer in Scheiben schneiden und mit Sauce auf vorgewärmten Tellern anrichten. Dazu passen Bandnudeln.

VARIANTE KLEINE ENTENBRUST

Eine Entenbrust von 250 – 300 g braten Sie, wie im Rezept beschrieben, ca. 6 Min. an. Garen Sie die Brust dann bei 80° im Backofen (Mitte) in ca. 45 Min. fertig.

KOKOS-LIMETTEN-HÄHNCHEN

1 Stängel Zitronengras | 1 große grüne Chilischote | 1 Knoblauchzehe | 200 ml Kokosmilch | Saft von 1 Bio-Limette | 3 EL helle Sojasauce | 1 TL Zucker | 2 Hähnchenbrustfilets (à ca. 150 g) | 1 EL neutrales Pflanzenöl | 2 – 3 Stiele Koriandergrün

Asiatisch mariniert

Für 2 Personen | 25 Min. Zubereitung | 2 Std. Marinieren | 45 Min. NT-Garzeit | Kerntemperatur: 70°
Pro Portion ca. 290 kcal, 33 g EW, 13 g F, 5 g KH

1 Zitronengras von äußeren harten Blättern befreien, das untere weiche Drittel fein schneiden. Chilischote längs aufschneiden, von den Samen befreien, waschen und fein schneiden. Knoblauch schälen und fein hacken. Alles mit Kokosmilch, Limettensaft, Sojasauce und Zucker verrühren. Hähnchenbrustfilets kalt abwaschen und abtrocknen. In die Kokosmarinade einlegen, zugedeckt ca. 2 Std. durchziehen lassen.

2 Ofen samt ofenfester Form auf 80° (Ober- und Unterhitze) vorheizen. Fleisch aus der Marinade nehmen und trocken tupfen. Öl in einer Pfanne erhitzen, Filets darin von jeder Seite bei mittlerer Hitze ca. 2 Min. braten. In der Form im Ofen (Mitte) ca. 45 Min. garen, bis eine Kerntemperatur von 70° erreicht ist. Pfanne nicht auswaschen.

3 Etwa 10 Min. vor Ende der Garzeit die Kokosmarinade in die Pfanne geben, bei schwacher Hitze einkochen lassen. Koriandergrün waschen und trocken schütteln, Blätter hacken. Hähnchenbrüste auf vorgewärmten Tellern anrichten. Mit Sauce überziehen, mit Koriandergrün bestreuen. Dazu passen Basmatireis und Gurkensalat.

ERDNUSS-CHILI-BRATEN

Saftiges Putenfleisch in nussig-scharfer Hülle, dazu cremiger Süßkartoffelstampf – das ist für mich ein herrlicher Festtagsschmaus!

Putenbraten (ca. 800 g)
Salz
Cayennepfeffer
2 EL neutrales Pflanzenöl
1 kg Süßkartoffeln
100 ml Orangensaft
40 g Butter
½ TL gemahlener Kardamom
½ Bund Petersilie
1 große rote Chilischote
50 g Erdnussbutter (crunchy)

Schmeckt auch kalt

Für 4 Personen |
50 Min. Zubereitung |
3 Std. NT-Garzeit |
Kerntemperatur: 70°
Pro Portion ca. 680 kcal,
55 g EW, 28 g F, 52 g KH

1 Den Backofen samt ofenfester Form auf 80° (Ober- und Unterhitze) vorheizen. Das Fleisch kalt abwaschen, abtrocknen und mit Salz und Cayennepfeffer würzen. Das Öl in einer Pfanne erhitzen, den Braten darin von allen Seiten 5 – 6 Min. anbraten. In die Form legen und im Ofen (Mitte) ca. 3 Std. garen, bis die Kerntemperatur von 70° erreicht ist.

2 Etwa 45 Min. vor Ende der Garzeit Süßkartoffeln schälen und würfeln. In einem Topf mit Wasser bedecken, salzen und in ca. 15 Min. weich kochen. Wasser abgießen, die Kartoffeln mit dem Stampfer zerdrücken. Wieder erwärmen, Orangensaft, Butter und Kardamom unterrühren. Mit Salz und Cayennepfeffer würzen.

3 Petersilie waschen, trocken schütteln und fein hacken. Die Chilischote längs aufschneiden, von den Samen befreien, waschen und fein schneiden. Beides unter die Erdnussbutter rühren.

4 Den Braten herausnehmen und die Ofentemperatur auf 220° erhöhen. Den Braten mit der Erdnussmasse bestreichen (am besten mit den Händen), im Ofen (Mitte) weitere 8 – 10 Min. braten. In Scheiben schneiden und mit Süßkartoffelstampf servieren.

VARIANTE

PUTENBRATEN FÜR 6 PERSONEN

Für einen Putenbraten von 1,2 kg braten Sie das Stück 7 – 8 Min. an und garen es in ca. 5 Std. fertig, bis eine Kerntemperatur von 70° erreicht ist. Für eine Sauce dazu den Bratensatz in der Pfanne mit 600 ml Geflügelfond (aus dem Glas) ablöschen, in ca. 15 Min. auf die Hälfte einkochen lassen und mit 2 EL hellem Saucenbinder binden.

ROSTFREI

TRUTHAHN MIT APFELSAUCE

Der amerikanische Thanksgiving-Klassiker findet im Herbst auch hierzulande immer mehr begeisterte Freunde – und zwar völlig zurecht, finde ich.

1 Babyputer (ca. 3,5 kg)
150 g Butter
1 TL Salz
1 TL Cayennepfeffer
250 g frische Cranberrys
2 säuerliche Äpfel (z. B. Boskop)
4 EL brauner Zucker
250 ml Apfelsaft
4 EL Zitronensaft
1 Zimtstange
2 Gewürznelken

Amerikanisch

Für 6 Personen | 1 Std. Zubereitung | 1 Std. bei 220° | 5 Std. NT-Garzeit | Kerntemperatur: 70°
Pro Portion ca. 920 kcal, 98 g EW, 51 g F, 17 g KH

1 Den Backofen auf 220° vorheizen. Den Truthahn innen und außen waschen und trocken tupfen. Die Butter zerlassen, Salz und Cayennepfeffer unterrühren. 3 EL davon in den Bauch geben. Den Truthahn mit der Brust nach unten in die Fettpfanne setzen und rundherum mit etwas Würzbutter einpinseln. Den Truthahn im Backofen (unten, Umluft 180°) ca. 30 Min. braten. Dann den Truthahn wenden und weitere 30 Min. braten. Die Ofentemperatur auf 80° (Ober- und Unterhitze) zurückschalten und bei geöffneter Tür in ca. 5 Min. auf 80° absenken lassen. Den Truthahn ca. 5 Std. garen, bis eine Kerntemperatur von 70° erreicht ist. Dabei gelegentlich mit etwas Würzbutter einpinseln.

2 Die Cranberrys in einem Sieb kalt abbrausen und abtropfen lassen. Die Äpfel schälen, halbieren, entkernen, in Spalten schneiden und untermischen. Beides mit Zucker, Apfelsaft, Zitronensaft, Zimtstange und Nelken in einem Topf aufkochen und zugedeckt bei schwacher Hitze ca. 15 Min. köcheln lassen.

3 Wenn der Truthahn 70° Kerntemperatur erreicht hat, die Backofentemperatur auf 220° plus Grillfunktion erhöhen. Die Haut noch einmal mit Würzbutter einpinseln und 5 – 6 Min. übergrillen. Den Truthahn tranchieren und mit der Apfelsauce servieren.

VARIANTE **GROSSER TRUTHAHN**

Einen großen Truthahn von 5 kg (für 10 Personen) braten Sie wie beschrieben im Ofen bei 220° ca. 1 Std. vor. Garen Sie ihn anschließend bei 80° im Ofen (Mitte) in ca. 7 Std. fertig.

ENTE MIT VANILLEMÖHREN

Der herrliche Duft nach Orangen, Lavendel und Vanille bringt südfranzösisches Flair in Ihre Festtagsküche. Lassen Sie sich vom Duft und den Aromen verführen!

1 küchenfertige Ente (ca. 2,5 kg)
Salz | Pfeffer
2 Zwiebeln
2 Bio-Orangen
2 EL getrockneter Lavendel
1 Bund Möhren
1 Vanilleschote
2 EL Butterschmalz
Zucker
100 ml Gemüsebrühe (Instant)
400 ml Entenfond (aus dem Glas)
Saft von 1 Orange (ca. 100 ml)
1 – 2 EL heller Saucenbinder
2 EL flüssiger Honig
Holzspießchen
Küchengarn

Provenzalisch

Für 3 – 4 Personen | 1 Std. 30 Min. Zubereitung | 1 Std. bei 220° | 5 Std. NT-Garzeit | Kerntemperatur: 70°
Bei 4 Personen pro Portion ca. 1320 kcal, 94 g EW, 94 g F, 23 g KH

1 Ofen auf 220° (Umluft 200°) vorheizen. Ente innen und außen waschen, trocken tupfen, salzen und pfeffern. Zwiebeln schälen. Orangen heiß abwaschen und abtrocknen. Beides in grobe Stücke schneiden. Mit 1 EL getrocknetem Lavendel in den Entenbauch geben. Die Öffnung verschließen (Bild 1).

2 Die Ente mit der Brust nach unten in die Fettpfanne setzen. Im Ofen (unteres Drittel) ca. 30 Min. braten, dann wenden und auf der anderen Seite weitere 30 Min. braten. Die Hitze auf 80° (Ober- und Unterhitze) reduzieren. Die Ente in ca. 5 Std. fertig garen, bis eine Kerntemperatur von 70° erreicht ist.

3 Etwa 40 Min. vor Ende der Garzeit Möhren schälen. Vanilleschote längs aufschlitzen, Mark herauskratzen. Butterschmalz in einer Pfanne erhitzen. Möhren darin 2 Min. anbraten. Mit je 1 kräftigen Prise Salz und Zucker würzen. Vanillemark, -schote und Brühe zugeben, Möhren zugedeckt in ca. 12 Min. bissfest garen.

4 Fond mit Orangensaft aufkochen, offen in ca. 10 Min. auf die Hälfte einkochen lassen. Rest Lavendel mit 1 Prise Salz unter den Honig rühren. Ente herausnehmen, Ofentemperatur auf 220° erhöhen. Ente tranchieren (Bild 2), Füllung und Saft aus der Fettpfanne durch ein feines Sieb zur Sauce gießen. Entenstücke mit der Hautseite nach oben in die Fettpfanne geben, mit Honig bepinseln (Bild 3). Grill zuschalten, die Ente im Ofen (oben) 5 Min. grillen.

5 Sauce mit Saucenbinder verrühren und sämig einkochen lassen. Mit Salz abschmecken. Entenstücke, Sauce und Möhren auf vorgewärmten Tellern anrichten. Dazu passt Safranreis.

1

2

3

GANS MIT QUITTENPÜREE

Wie wäre es statt mit Rotkohl und Klößen mal mit Quittenpüree als Begleitung zur Gans? Der Versuch lohnt sich, versprochen!

2 Zwiebeln
2 säuerliche Äpfel (z. B. Boskop)
½ Bund Thymian
1 küchenfertige Gans (ca. 4 kg)
Salz | Pfeffer
800 g mehligkochende Kartoffeln
3 Quitten (ca. 800 g)
3 EL Butter
150 ml Apfelsaft
frisch geriebene Muskatnuss
400 ml Gänsefond (aus dem Glas)
2–3 EL dunkler Saucenbinder (nach Belieben)
Holzspießchen
Küchengarn

Feiertagsklassiker

Für 6 Personen | ca. 1 Std. 30 Min. Zubereitung | 1 Std. bei 220° | 7 Std. NT-Garzeit | Kerntemperatur: 70°
Pro Portion ca. 1890 kcal, 80 g EW, 158 g F, 37 g KH

1 Den Backofen auf 220° (Umluft 200°) vorheizen. Zwiebeln schälen. Äpfel waschen, beides in grobe Stücke schneiden. Thymian waschen und trocken schütteln. Gans innen und außen waschen, abtrocknen, Bürzel und Flügelspitzen entfernen. Innen und außen salzen und pfeffern. Zwiebeln, Äpfel und Thymian in den Bauch füllen, die Öffnung verschließen. Die Gans mit der Brust nach unten in die Fettpfanne setzen, im Ofen (unteres Drittel) 30 Min. braten. Dann wenden und weitere 30 Min. braten. Die Hitze auf 80° (Ober- und Unterhitze) reduzieren. Die Gans in ca. 7 Std. fertig garen, bis eine Kerntemperatur von 70° erreicht ist.

2 Etwa 1 Std. vor Ende der Garzeit Kartoffeln schälen, grob würfeln und mit Salzwasser bedeckt in ca. 15 Min. weich kochen. Die Quitten schälen und ohne Kerngehäuse in Spalten schneiden. 1 EL Butter zerlassen, die Quitten darin ca. 1 Min. andünsten. Mit Apfelsaft ablöschen, zugedeckt in ca. 10 Min. weich kochen. Das Kartoffelwasser abgießen, die Hälfte der Quitten samt Apfelsud und übrige Butter zu den Kartoffeln geben. Alles fein zerstampfen, mit Salz und Muskat würzen und zugedeckt warm halten.

3 Die Gans herausnehmen, die Ofentemperatur auf 220° erhöhen und den Backofengrill zuschalten. Fond in die Fettpfanne gießen. Bratensatz damit lösen (vorher Fett abschöpfen), durch ein feines Sieb in einen Topf abgießen. Gans tranchieren (die Füllung durch das Sieb zur Sauce abtropfen lassen), die Stücke mit der Hautseite nach oben in die Fettpfanne legen, unter dem Grill 5–6 Min. grillen. Sauce aufkochen und mit Saucenbinder binden, salzen und pfeffern. Gänsestücke, Quittenpüree und -stücke und Sauce auf vorgewärmten Tellern servieren.

REGISTER

Damit Sie Rezepte mit bestimmten Zutaten noch schneller finden, sind in diesem Register auch beliebte Zutaten wie **Apfel** oder **Thymian** alphabetisch eingeordnet und hervorgehoben. Darunter finden Sie das Rezept Ihrer Wahl.

Projektleitung: Monika Greiner
Lektorat: Maryna Zimdars
Korrektorat: Waltraud Schmidt
Layout, Typographie und Umschlaggestaltung: independent Medien-Design, Horst Moser, München
Illustrationen: Julia Hollweck
Satz: Uhl + Massopust, Aalen
Herstellung: Renate Hutt
Reproduktion: Repro Ludwig, Zell am See
Druck und Bindung: Schreckhase, Spangenberg
Syndication: www.jalag-syndication.de

8. Auflage 2016
ISBN 978-3-8338-3435-6
Printed in Germany

www.facebook.com/gu.verlag

GRÄFE UND UNZER

Ein Unternehmen der GANSKE VERLAGSGRUPPE

Die Autorin

Margit Proebst arbeitet seit 1999 als Kochbuchautorin und Foodstylistin in München. Niedrigtemperaturgaren ist ihr Spezialgebiet. Zu diesem Thema hat sie schon viele erfolgreiche Bücher veröffentlicht. Hier sind die neuen wunderbaren Rezeptideen der Expertin.
www.margit-proebst.de

Der Fotograf

Wolfgang Schardt kann seine Liebe für Essen und Trinken beruflich ausleben: In seinem Studio in Hamburg fotografiert er vor allem Food, Stills und Interieur für Magazine wie FEINSCHMECKER, für Verlage und Werbung. Tatkräftig unterstützt wurde er von Susanne Walter (Foodstyling) und Janet Hesse (Assistenz).
www.wolfgangschardt.com

Bildnachweis

Autorenfoto: Fotos mit Geschmack, Alling; alle anderen Fotos: Wolfgang Schardt

Titelbildrezept

Filetsteak mit Béarnaise (S. 12)

Umwelthinweis

Dieses Buch ist auf PEFC-zertifiziertem Papier aus nachhaltiger Waldwirtschaft gedruckt.

QUALITÄTS G|U GARANTIE

Liebe Leserin, lieber Leser,

haben wir Ihre Erwartungen erfüllt? Sind Sie mit diesem Buch zufrieden? Haben Sie weitere Fragen zu diesem Thema? Wir freuen uns auf Ihre Rückmeldung, auf Lob, Kritik und Anregungen, damit wir für Sie immer besser werden können.

GRÄFE UND UNZER Verlag
Leserservice
Postfach 86 03 13
81630 München
E-Mail:
leserservice@graefe-und-unzer.de

Telefon: 00800 / 72 37 33 33*
Telefax: 00800 / 50 12 05 44*
Mo–Do: 9.00 – 17.00 Uhr
Fr: 9.00 – 16.00 Uhr
(gebührenfrei in D, A, CH)*

Ihr GRÄFE UND UNZER Verlag
Der erste Ratgeberverlag – seit 1722.

Backofenhinweis:

Die Backzeiten können je nach Herd variieren. Die Temperaturangaben in unseren Rezepten beziehen sich auf das Backen im Elektroherd mit Ober- und Unterhitze und können bei Gasherden oder Backen mit Umluft abweichen. Details entnehmen Sie bitte Ihrer Gebrauchsanweisung.

Appetit auf mehr?

ISBN 978-3-8338-3430-1

ISBN 978-3-8338-3438-7

ISBN 978-3-8338-3429-5

Laden im App Store

ISBN 978-3-8338-3431-8

ISBN 978-3-8338-3427-1

Alle hier vorgestellten Bücher sind auch als eBook erhältlich.

Willkommen im Leben.

Mehr von GU auf **www.gu.de** und
facebook.com/gu.verlag

FEHLERQUELLEN

Ihr erster Niedrigtemperaturbraten ist nicht ganz so geworden, wie Sie es sich vorgestellt haben? Die angegebene Garzeit hat nicht gestimmt? Oder das Fleisch war nicht so zart wie versprochen? Daran könnte es gelegen haben:

BRATENGRÖSSE

Die Garzeiten bei den Rezepten und in der Tabelle beruhen auf meiner Erfahrung, sind aber nur Näherungswerte. Neben dem Gewicht kommt es auch auf die Dicke des Fleischstückes an. Eine lineare Berechnungstabelle, nach dem Motto »pro Kilogramm Fleisch so und so lange garen«, lässt sich deshalb nicht erstellen. Mithilfe des Bratenthermometers aber können Sie das »Feintuning« prima selbst übernehmen: Ist der Braten vor der Zeit fertig, reduzieren Sie die Ofentemperatur bis zum Servieren auf 60°. Ist die richtige Kerntemperatur noch nicht erreicht, erhöhen Sie die Ofenhitze kurzzeitig auf 100°.

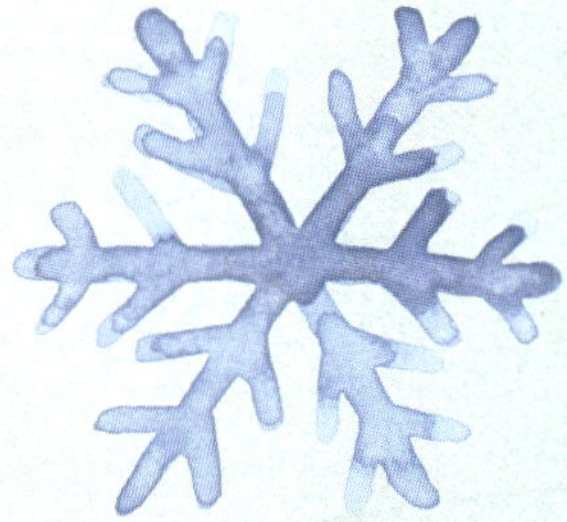

AUS DEM KÜHLSCHRANK

Vielleicht war das Fleisch, das Sie verwendet haben, beim Anbraten zu kalt? Auch das beeinflusst die Gesamtgarzeit entscheidend. Wird Fleisch kühlschrankkalt angebraten, dauert der Garprozess im Ofen länger, weil die Wärme länger braucht, um wirklich bis zum Kern vorzudringen. Nehmen Sie das Fleisch also rechtzeitig aus dem Kühlschrank!
Kleine Stücke wie Steaks oder Medaillons sollten Sie etwa 1 Stunde vor dem Garen herausnehmen, einen großen Braten wie z. B. Lammkeule oder ganzes Geflügel von mehr als 1 kg mindestens 2, besser sogar 3 Stunden zuvor. Die Gans fürs Mittagessen holen Sie am besten schon am Vorabend aus dem Kühlschrank, damit diese bei der Zubereitung bereits Zimmertemperatur angenommen hat.